UITVOEREN VAN MARKTONDERZOEK

De sleutel tot goede zaken ligt in de planning

UITVOEREN VAN MARKTONDERZOEK

De sleutel tot goede zaken ligt in de planning

geschreven door Julien Duvivier
vertaald door Nikki Claes

UITVOEREN VAN MARKTONDERZOEK

- **Probleem?** Hoe kan ik een marktonderzoek uitvoeren zodat ik een duidelijk beeld krijg voordat ik mijn product/dienst lanceer?

- **Waarom is het nuttig?** Goed uitgevoerd marktonderzoek biedt een basis en een methode voor iedereen die een bedrijf wil opstarten.

- **Professionele context?** Marketing, coaching, netwerk ontwikkeling, business creatie, project management

- **FAQ?**
  - Is marktonderzoek echt nodig?
  - Hoe moet ik mijn marktonderzoek opmaken?
  - Wat is het verschil tussen een marktstudie en een ondernemingsplan?
  - Hoe kan ik een enquête uitvoeren als ik mijn producten/diensten alleen op internet verkoop?
  - Hoeveel kost marktonderzoek?
  - Hoe weet ik of mijn studie betrouwbaar is?
  - Welke methode moet ik toepassen als mijn project volledig vernieuwend is?

Marktonderzoek is een concept dat beangstigend kan lijken. Veel mensen raken in hun plannen om een bedrijf te beginnen ontmoedigd voordat ze zelfs maar hebben gekeken waar het om gaat.

Dit is echter een cruciale fase die, in plaats van te bevestigen dat je project levensvatbaar is, je in staat moet stellen je prognoses en intuïties te confronteren met de realiteit van de buitenwereld. Deze buitenwereld is precies wat wij jouw markt noemen. Zoals elk gebied heeft ze haar eigen manier van functioneren en haar eigen regels. Je ontmoet je concurrenten en klantenkring, je bent geïnteresseerd in de geldende regelgeving en door al deze parameters te vergelijken kan je je positionering, je verwachte omzet, je commercieel beleid, enz. bepalen.

Al dit jargon klinkt misschien beangstigend, maar het heeft eigenlijk maar één doel: je in staat stellen jouw bedrijf te lanceren met volledige kennis van zaken. Marktonderzoek bespaart je kostbare tijd als je ontdekt dat jouw idee niet voldoet aan de behoeften van het veld. Het zal je ook helpen je project op lange termijn levensvatbaar te maken door te anticiperen op veranderingen in de markt.

Of je nu een expert bent in je doelsector of een beginneling, deze fase is essentieel, al was het maar om een verwachte omzet te bepalen, je verkooptechniek te verfijnen of een ondernemingsplan op te stellen dat je financiële partners zal overtuigen. Hoewel het geen definitieve en 100% betrouwbare voorspelling is van de toekomst van je bedrijf, is marktonderzoek toch de hoeksteen.

Dit boek wil jou op het juiste spoor zetten en ervoor zorgen dat je marktonderzoek, verre van een karwei, op jouw behoeften is afgestemd en een echte springplank wordt voor je project.

- 6 -

INLEIDENDE OVERWEGINGEN

EEN MARKT. MAAR WAT NOG MEER?

Een markt is een plaats (fysiek of virtueel) waar klanten of vragers leveranciers ontmoeten die in de behoeften van de klanten kunnen voorzien en vaak zelfs kunnen creëren. Deze beschrijving geldt evenzeer voor de groente- en fruitmarkt verderop in de straat als voor de jobmarkt (waar de aanbieders bedrijven zijn en de vragers werkzoekenden).

 ### GOED OM TE WETEN.

Volgens een onderzoek van het APCE (Frans Agentschap voor de oprichting van ondernemingen) uit 2005 is meer dan 70% van de mislukkingen van nieuwe ondernemingen te wijten aan commerciële problemen, d.w.z. een verkeerde inschatting van de omzet en de te volgen commerciële strategie, die beide een rechtstreeks gevolg zijn van de marktstudie.

WAAROM MARKTONDERZOEK?

- De eerste doelstelling van je studie is winstgevendheid. Je moet genoeg producten of diensten verkopen zodat je inkomsten je uitgaven overtreffen. Daarvoor moet je de belangrijkste trends in jouw markt kennen, je sterke en zwakke punten, enz. Je moet een bedrijfsstrategie hebben die gebaseerd is op tastbaar bewijs. Je moet met name weten wie je klanten en potentiële concurrenten zijn en tegen welke prijs je je producten kan verkopen.

- De tweede doelstelling is groei en duurzaamheid. Je aanbod heeft een beperkte duur en kent:

  o een start- en ontwikkelingsfase (die investeringen en dus een te voorziene behoefte aan werkkapitaal met zich meebrengt)

  o een rijpingsfase (waarin je je prijzen zal moeten aanpassen en je producten of diensten zal moeten bijstellen om je klanten te behouden);

  o een neerwaartse fase (wat niet betekent dat je project in het slop raakt, maar dat het zijn kruissnelheid moet vinden en/of zichzelf moet vernieuwen om in de loop der tijd stand te houden).

Zonder te pretenderen precies te kunnen voorspellen wanneer en hoe al deze fasen zullen plaatsvinden, is het doel van de marktstudie om vooraf de mijlpalen vast te leggen en alle nodige voorzorgsmaatregelen te nemen om ervoor te zorgen dat je project niet voor verrassingen komt te staan.

GOED OM TE WETEN.

De behoefte aan werkkapitaal (WCR) is de hoeveelheid geld die je moet hebben (cashflow) om je investeringen te dekken. Dit is een centraal punt in het bestaan van een onderneming en nog meer in de aanloopfase wanneer belangrijke uitgaven worden gedaan (gebouwen, leveranciers, marketing en communicatie) terwijl de verkoop van producten of diensten nog niet is ontvangen.

WANNEER EEN MARKTONDERZOEK STARTEN?

Er zijn geen echte regels. Idealiter worden het onderzoek en de stappen een paar maanden voor de lancering genomen en voordat de strategie wordt vastgesteld, die meestal gebaseerd zal zijn op de resultaten van het onderzoek. Maar het hangt ook af van de complexiteit van het project, jouw beschikbaarheid, mogelijkheden, enz. Deze factoren kunnen ertoe leiden dat je aanvullend onderzoek verricht of bepaalde vergelijkingen overslaat die je onnodig acht.

GRONDBEGINSELEN VAN MARKTONDERZOEK: EENVOUD EN REALISME

Het door ons voorgestelde actieplan zal je in staat stellen je studie uit te voeren met de eenvoud en het realisme die bij dit soort werkzaamheden horen.

Marktonderzoek berust in het algemeen op twee pijlers:

1. de deskstudie, op "macro"-niveau, bestaat uit het verzamelen van eerder beschikbare informatie over de doelmarkt. Ze is onderverdeeld in twee subsecties:

   a. definitie van het doelwit

   b. identificatie van de concurrenten en de geldende voorschriften

2. de veldstudie, op "micro"-niveau, bestaat uit het verzamelen van gegevens "aan de bron" om de resultaten van de documentaire studie te vergelijken met de realiteit van de markt.

LITERATUURSTUDIE – DEEL 1

De bureaustudie zal je allereerst helpen je doel te bepalen. Daarvoor zijn verschillende stappen nodig.

Klantsegmenten en -profielen

je moet eerst klantsegmenten en -profielen identificeren.

- je klantenbestand segmenteren betekent dat je voor elk aanbod dat je wil doen een typisch klantenprofiel definieert, bijvoorbeeld op basis van leeftijd, geslacht, locatie, koopkracht, opleidingsniveau, enz. Hetzelfde geldt voor bedrijven, als dat het type klant is dat je wil aanspreken. Het aantal werknemers, de activiteitensector of het grondgebied zijn doorslaggevende criteria om te bepalen voor wie je aanbod hoofdzakelijk bestemd is. Je kan je aanbod aanpassen aan de informatie die je over het/de door jou geïdentificeerde segment(en) verkrijgt. De segmentering is het uitgangspunt voor je reflectie: zij zal evolueren en hoogstwaarschijnlijk worden bijgesteld naarmate je onderzoek vordert of zelfs gewijzigd tijdens het veldonderzoek.

- Het definiëren van klantenprofielen komt erop neer dat op bepaalde markten de voorschrijver en de koper worden geïdentificeerd, terwijl dat twee verschillende personen zijn. De speelgoedmarkt is een perfect voorbeeld: het kind is de gebruiker of voorschrijver, degene die het initiatief tot kopen neemt en de ouder is de koper, degene die de koopkracht heeft. We moeten weten hoe we het kind moeten aanspreken en tegelijkertijd rekening houden met het feit dat de ouder de uiteindelijke beslisser is.

Juist in dit stadium moet je je gezond verstand, intuïtie en ervaring laten doorschijnen: je kent je segmenten vaak heel goed zonder dat je je daarvan bewust bent. Het segmentatieproces is erop gericht deze kennis te gebruiken om dieper na te denken.

Mario wil in het 20e arrondissement van Parijs een delicatessenzaak beginnen met uitsluitend Italiaanse producten uit de biologische landbouw. Een jonge man van in de dertig, woont daar momenteel als manager in een start-up. Hij kent deze snel veranderende wijk goed en weet dat hij de doelgroep is. Het eerste segment waarop hij zich richt is dus zichzelf: een vrij jonge bevolking, die een comfortabel inkomen verdient, in de buurt woont en gevoelig is voor de kwaliteit van wat ze consumeert. Hij heeft ook zijn baas (vijftiger, zeer hoog inkomen, woonachtig in een naburige wijk, liefhebber van goede wijnen) en zijn vriendin (30 jaar, journaliste voor een modewebsite, vegetariër, verliefd op Italië sinds haar eerste reis naar Toscane drie jaar geleden) als doelwit aangewezen.

Dit voorbeeld, dat een beetje cliché is, is bedoeld om je te laten zien dat je segmenten vaak worden belichaamd door mensen die dicht bij jou staan en dat deze mensen zelfs aan de basis kunnen liggen van je project. In ons geval kunnen we raden dat Mario de intuïtie heeft dat hij, door te voldoen aan een verwachting die hij bij zichzelf en zijn baas voelt, zal voldoen aan de verwachting van een belangrijk segment van de bevolking van de buurt. Het is in dit stadium van essentieel belang dat je je vrij voelt om alle mogelijkheden te onderzoeken en erover te praten met mensen die je vertrouwt, die je kunnen uitdagen en je kunnen helpen je gedachten te rijpen. Pas achteraf, tijdens het veldonderzoek, zal je de juistheid van je prognoses controleren.

Motieven, negatieve prikkels en aankooppatronen

Zodra je je segmenten en profielen hebt gedefinieerd, moet je de motivaties, belemmeringen en aankoopmethoden van je klanten bestuderen.

- Er kunnen vele redenen zijn om te kopen:
  - De hedonistische klant wil genieten van je product/dienst. De koopdaad heeft louter te maken met de sympathie van de klant voor je aanbod en beantwoordt niet aan een rationele behoefte. Zo kan de aankoop van een nieuw product het ego van de koper vleien door hem de indruk te geven aan de spits van de innovatie te staan.
  - De rationele klant zit in een logica van voor- en nadelen. Jouw aanbod moet zich bewijzen, de doelgroep moet zich veilig voelen, ervan overtuigd zijn dat jij in een behoefte voorziet en dat zij, zonder deze aankoopdaad, een goede deal mislopen.
  - Voor de klant die wordt gedreven door ethische of communautaire motieven, is het het gevoel van plicht en/of het behoren tot een gemeenschap dat aanzet tot aankoop. We bevinden ons op de grens tussen het hedonistische en het rationele. Deze motivatie kan zowel klanten van fairtradeproducten betreffen (die deze waarden van solidariteit delen) als liefhebbers van Porsche (meer dan een sportwagen biedt dit merk een stijl en een levensstijl waarin sommigen zich kunnen herkennen).
- De remmen zijn alle belemmeringen voor de koopakte:

- Als je vertrouwt op hedonische motivaties, is het grootste risico dat de klant niet geïnteresseerd is in iets dat met bezit te maken heeft, in genoegens die hij als "zinloos" beschouwt. Net als de motivatie is de rem op het kopen moeilijk te voorzien. Alles hangt af van je vermogen om het aanbod aantrekkelijk te maken (marketing, communicatie, verkoopapparaat) en van de precisie van je segmentatie.

  - Voor rationele motivaties is de rem gewoon dat je aanbod als niet erg voordelig wordt ervaren volgens de cursor van je klantensegment. In dit geval moet bijzonder belang worden gehecht aan de psychologische prijs en de duidelijke en eenvoudige presentatie van de voordelen van je aanbod.

  - Wat ethische en maatschappelijke motieven betreft, kan het obstakel een slechte positionering zijn of gewoon het feit dat de klant je aanbod afkeurt omdat het niet past bij zijn waarden.

- Koopgedrag: waar en hoe kopen klanten?

  - één keer per week, één keer per maand, één keer per jaar?

  - op het internet? in een winkel?

  - voor bedrijven: in onderling overleg? Bij inschrijving?

  - ...

Je moet deze parameters zoveel mogelijk onder controle houden – door statistieken te bestuderen zoals consumptiepatronen, volkstellingen en beschikbare lokale gegevens. Je moet zeker de website van het Nationaal Instituut voor Statistiek en Economische Studies (INSEE) raadplegen als je in Frankrijk onderneemt of Statbel als je in België onderneemt.

Doelgrootte

De derde stap bij het bepalen van je doel is het bepalen van de omvang van je doel. Hoeveel potentiële klanten heb je? De belangrijkste reden waarom deze stap belangrijk is, is dat hij rechtstreeks je verwachte omzet bepaalt.

Het is belangrijk om in dit stadium je segmentatie goed te hebben gekwalificeerd, zodat je precies weet op welk type klant je je richt en in welk gebied je denkt te kunnen inzetten.

 **VOORBEELD**

Mario weet, na controle van de INSEE website, dat er ongeveer 196 000 inwoners zijn in het 20e arrondissement van Parijs. Na kruiscontroles kon hij – met name dankzij zijn kennis van de gewoonten van de bewoners van de wijk en de aangrenzende wijken – het verzorgingsgebied (de geografische zone waaruit het merendeel van de klanten van een bedrijf afkomstig is) bepalen: hij stelde vast dat het in feite slechts om een beperkt deel van deze wijk gaat, maar zich uitstrekt tot een deel van het 10e en 11e arrondissement. Hij kwam uit op een totale bevolking van ongeveer

95 000 inwoners. Door contact op te nemen met de betrokken gemeentehuizen kreeg hij preciezere informatie over de bevolking van dit gebied en wist hij, hoofdzakelijk op basis van de door hem vastgestelde segmentatiecriteria, dat hij ongeveer 20 000 klanten kon bereiken.

Deze eerste schatting is niet representatief voor het aantal klanten dat je zal bereiken. Je zal je studie verder moeten verfijnen:

- rekening houdend met de marktaandelen van je concurrentie

- door je ramingen te verifiëren via een veldstudie (enquête, peilingen, enz.)

- rekening houdend met je capaciteiten: in termen van tijd, productiemiddelen, aantal beschikbare personeelsleden, enz.

 ## GOED OM TE WETEN.

Het verzorgingsgebied wordt verschillend bepaald afhankelijk van het soort bedrijf. Het verzorgingsgebied van een kruidenierswinkel wordt bijvoorbeeld gedefinieerd als een straal van 300 meter rond de locatie ervan. Een primair verzorgingsgebied wordt gedefinieerd als een afstand van ongeveer 3 minuten te voet of met de auto en een secundair verzorgingsgebied wordt gedefinieerd als een afstand van 10 minuten.

De psychologische prijs

Het is nu tijd om de cruciale vraag te stellen: hoeveel zullen mijn klanten kopen? De prijs die je vaststelt moet schommelen tussen een plateau waaronder je klant jouw product als goedkoop en van slechte kwaliteit zal beschouwen en een plafond waarboven je klant jouw product als te duur zal beschouwen.

Deze prijs kan voor hetzelfde product variëren afhankelijk van de aankoopcontext. Op een verzorgingsplaats langs de snelweg bijvoorbeeld zal de klant akkoord gaan met een veel hogere prijs voor alledaagse producten dan hij of zij in een supermarkt aanvaardbaar zou vinden.

Om deze prijs vast te stellen, kan je vertrouwen op:

* je ervaring en kennis van de markt

* de benchmarking in je literatuurstudie

 **GOED OM TE WETEN.**

Benchmarking is een proces waarbij trends in je markt worden waargenomen op basis van een vergelijkende analyse van de concurrentie. Tegen welke prijzen verkopen zij hun producten? Welke marketing argumenten gebruiken ze? Via welke distributienetwerken kan je hun producten vinden? Met benchmarking kan je je positioneren ten opzichte van de marktleiders.

Ten tweede zal het literatuuronderzoek je in staat stellen je concurrenten en de geldende regelgeving te identificeren.

De concurrenten

Door te kijken naar je concurrenten kan je niet alleen hun marktaandeel inschatten, maar ook zien wat bij hen werkt en wat minder lijkt te werken. Met deze waarnemingen kan je je aanbod differentiëren door je concurrentievoordelen te definiëren.

De aanwezigheid van concurrenten op een markt is, in tegenstelling tot wat je zou denken, een goede zaak. Het laat zien dat er een echte vraag is en stelt je in staat om te observeren. De informatie die je verzamelt over de sterke en zwakke punten van je concurrenten is een waardevolle troef voor je positionering. Pas echter op dat de markt niet verzadigd is: als je concurrenten te talrijk zijn en/of bijna de hele markt beheersen, zal je moeite hebben je op te dringen aan een doelgroep die haar gewoonten al elders heeft.

De afwezigheid van concurrenten zou je er daarentegen toe moeten aanzetten de relevantie van je idee in twijfel te trekken: ofwel is je project vernieuwend en zou het in dat geval raadzaam zijn de kansen en risico's van deze markt grondig te bestuderen, ofwel is het dat niet en zou het verstandig zijn, alvorens je te lanceren, zelf onderzoek te doen naar de redenen voor deze afwezigheid van aanbod op de markt.

Over het algemeen wordt een onderscheid gemaakt tussen:

- rechtstreekse concurrenten, die soortgelijke producten of diensten als de jouwe aanbieden en duidelijk herkenbaar zijn. Als je hierover al hebt nagedacht en wat basisonderzoek hebt gedaan om je project te beperken, ken je de belangrijkste al

- indirecte concurrenten, die niet precies hetzelfde aanbod hebben als jij, maar wier aanwezigheid op jouw markt het overwegen waard is omdat ze je doelgroep afleidt van jouw aanbod. Als je bijvoorbeeld van plan bent een oude boerderij om te bouwen tot een bed & breakfast, moet je niet alleen nagaan of er in je verzorgingsgebied soortgelijke aanbiedingen zijn (je directe concurrenten), maar ook rekening houden met hotels, campings, particulieren die hun accommodatie verhuren, enz.

De verordening

Er kunnen wettelijke vereisten zijn voor de vestiging in bepaalde beroepen, zoals een minimumkwalificatie of jaren ervaring. Er kan ook worden verlangd dat je een blanco strafblad, financiële garanties, een beroepskaart, enz. hebt.

Voor je bedrijf kunnen andere regels en praktijken gelden. Of het nu gaat om gezondheids- en veiligheidsvoorschriften, technische normen of door de overheid afgegeven vergunningen, je moet op de hoogte zijn van de normen die op jouw markt gelden om te kunnen anticiperen op de gevolgen ervan in termen van tijd en kosten.

Wij adviseren je in ieder geval contact op te nemen met de betreffende organisatie, zoals de Kamer van Koophandel in je omgeving, om precies te weten te komen wat deze punten zijn voordat je begint.

DE VELDSTUDIE

Het veldonderzoek vult de documentaire studie aan en confronteert haar met de werkelijkheid. Het kan worden onderverdeeld in drie hoofdfasen waarmee je geleidelijk de realiteit van je markt kan betreden.

KLEIN PLUSPUNT

In dit stadium van de studie moet je gedrag schommelen tussen dat van een onderzoeker en dat van een toekomstige bedrijfsleider: op zoek naar het kleinste beetje informatie is het belangrijker dan ooit om nieuwsgierig, strategisch en gedurfd te zijn.

Contact met deskundigen in het vak

Dat betekent naar beurzen gaan of je concurrenten bezoeken, je leveranciers, de winkeliers in het gebied waar je zich vestigt, om zoveel mogelijk informatie, folders en indrukken te verzamelen, die alleen een veldstudie jou kan opleveren: prijzen, diversiteit van het aanbod, diversiteit van de spelers, type klantenkring, enz.

Als je aanbod "diffuus" is, d.w.z. niet specifiek betrekking heeft op een populatie in een bepaald gebied, of als het een gebied betreft dat te uitgestrekt is om in zijn geheel te worden bestudeerd, kies dan een relevant studiegebied. Als je bijvoorbeeld een mobiele applicatie wilt lanceren die in heel België een babysitdienst aanbiedt, concentreer je dan op een beperkt aantal steden waarvan je weet dat de vraag er gevarieerd is (volgens de statistieken over de leeftijd van de bevolking die je hebt kunnen verzamelen) om een representatieve steekproef van je hele segment te verkrijgen.

Parallel aan dit proces kan je contact opnemen met:

* netwerken ter ondersteuning van startende ondernemingen. In Frankrijk kan je rekenen op de Kamers van Koophandel en Industrie (CCI) en het Agence France Entrepreneur (AFE);

* mensen waarvan je weet dat zij deskundig zijn op je werkterrein en die je zouden kunnen informeren over markttrends, te vermijden valkuilen en te benutten kansen. Wees voorzichtig met deze contacten: de informatie die zij je geven kan een goudmijn zijn, maar pas op dat je niet al je bedrijfsgeheimen prijsgeeft.

Je klanten en concurrenten ontmoeten

Observeer, interview en begin, indien mogelijk, relaties op te bouwen met je potentiële klanten. Het is niet de bedoeling dat je een vertegenwoordiger wordt, maar dat je essentiële informatie verzamelt en vragen stelt die relevant zijn voor jouw bedrijf. Je kan bijvoorbeeld elk uur het aantal klanten tellen die je toekomstige locatie passeren, hun leeftijd noteren, hen aanbieden om je product te proeven of te testen, hen vragen naar hun consumptiegewoonten, enz.

Controleer of je product/markt-paren (segmentatie) goed werken. Dit is het hoofddoel van het veldwerk. Je moet je omzetveronderstellingen evalueren om te zien of ze kloppen en of er in dat gebied een doelgroep is voor jouw aanbod. Wees compromisloos en probeer deze twee vragen te beantwoorden zonder je ervoor te verbergen:

- Is er genoeg vraag om mijn bedrijf te runnen?

- Hoe goed heb ik mijn klanten geïdentificeerd? Zijn mijn segmentaannames correct?

Als het antwoord op een van deze twee vragen negatief is, maak dan niet de fout om voortijdig op te geven of, omgekeerd, overhaast te werk te gaan. Het doel van het veldonderzoek is je in staat te stellen je aanvankelijke hypotheses te herzien.

Breng de kwaliteit en kwantiteit van je concurrenten in kaart. Analyseer het aantal, de omvang en de locatie van je directe en indirecte concurrenten. Vermeld voor elke concurrent de nuttige informatie die je uit je voorstudie hebt verkregen, aangevuld met informatie die je op het terrein hebt verzameld. Dit kan betrekking hebben op de verschillende producten of diensten die zij aanbieden, de wijze waarop deze worden gepresenteerd, de omvang en frequentie van hun verkopen, de relatie van hun managers met hun klanten, hun locatie, hun marketing en communicatie, enz.

Aanvullende studies en eerste prospectie

Het veldonderzoek kan relatief eenvoudig en beknopt zijn, hetzij omdat je door je ervaring reeds een expert bent op je markt, hetzij omdat jouw markt fundamenteel is (eenvoudige producten, homogeen cliënteel, enz.). Maar heel vaak is het nodig om verder te gaan en aanvullende studies uit te voeren die je analyse zullen verfijnen.

- **Kwantitatieve studies** (over het algemeen voorbehouden aan consumentenproducten) bestaan uit het kort ondervragen van een groot aantal doelgroepen (van honderd tot enkele duizenden personen) om, met behulp van de wetten van de statistiek, een algemene trend te schatten. Deze zeer korte vragenlijsten worden over het algemeen toevertrouwd aan gespecialiseerde bedrijven.

- **Kwalitatieve studies**, die langer en gedetailleerder zijn, richten zich op een beperkt aantal beoogde consumenten (enkele tientallen personen). Zij geven gedetailleerde informatie over de gewoonten, motieven en belemmeringen van deze mensen. Deze vragenlijsten maken gebruik van open vragen die erop gericht zijn zoveel mogelijk informatie van de klant te verkrijgen. Het wordt ten zeerste aanbevolen specialistische hulp in te roepen om duidelijk de relevante vragen te bepalen, de volgorde waarin ze moeten worden gerangschikt en de antwoorden op een zinvolle manier te analyseren.

Deze studies leiden uiteraard tot een test- en prospectiefase. De mensen die je tijdens je eerste benadering hebt benaderd en degenen die je hebt geïnterviewd als je dit proces hebt aangevuld met een kwalitatief onderzoek, zijn mogelijk jouw eerste klanten. Hoewel je je bedrijf nog niet hebt opgericht, kan je al wel een klantenbestand opbouwen en pre-orders ontvangen. Dit is een zeer belangrijke stap: zo leer je je klanten kennen en gebruik je je netwerk om het geleidelijk uit te breiden. Het leert je ook over jezelf als ondernemer. Waar ben ik goed in? Waar moet ik verbeteren?

DE CONCLUSIES VAN JE STUDIE

Je beschikt nu over een schat aan informatie die je hebt verzameld, geverifieerd en gecontroleerd en die je op het terrein hebt kunnen confronteren met de realiteit van je markt door je concurrenten en toekomstige klanten te ontmoeten. Je hebt ook reflexen verworven die je nooit zullen verlaten, contacten die later kostbaar zullen zijn en misschien heb je al een paar bestellingen gekregen waarmee je je activiteit met een actieve klantenkring kunt beginnen.

Het is nu belangrijk om je marktonderzoek af te ronden.

Jouw bedrijfsstrategie

Het gaat erom je concurrentievoordelen te identificeren, wat je te bieden hebt dat je concurrenten niet hebben. Wat zijn je sterke punten? Wat zijn je zwakke punten?

- **Definieer je product/markt-paren: positionering.**

  Je hebt persoonlijke kennis van je kerndoelwit. Je hebt je veronderstellingen gecontroleerd en weet welk productassortiment een bepaalde klant zal bereiken waarop je je richt, welk assortiment gericht zal zijn op een meer diffuse en onvoorspelbare klantenkring, enz. Je kan dus je positionering bepalen. Dit begrip, dat nauw verbonden is met het begrip concurrentievoordeel, drukt de plaats uit die een product of dienst inneemt ten opzichte van de concurrentie, de consumenten en, meer in het algemeen, de gehele marktomgeving. Een product of dienst positioneren betekent het uniek en duidelijk herkenbaar maken, hetzij door de aantrekkelijke prijs, hetzij door het feit dat het vernieuwend is (volledig nieuw, van hogere kwaliteit, met extra functies, enz.), hetzij door de middelen die worden gebruikt om het te promoten (marketing- en communicatiestrategie).

- **Stel je prijzen vast.** Bij de verkoopprijs moet rekening worden gehouden met verschillende parameters, die afhankelijk van de activiteit min of meer complex zijn. In ieder geval moet je rekening houden met:

  - de kostprijs. Je moet de juiste prijs bepalen: aantrekkelijk genoeg om je in de markt te positioneren, maar tegelijkertijd hoog genoeg om al je kosten te dekken en een prijzenoorlog met je concurrenten te vermijden.

  - de positionering van de concurrentie. Hoe reageren mijn concurrenten op marktschommelingen? Hoe kunnen relaties met leveranciers de markt beïnvloeden? Wat zijn de beperkingen van mijn beroep en welke keuzes maken mijn concurrenten om ze te omzeilen?

○ de psychologische prijs. Zoals we hierboven hebben gezien, moet je niet overdrijven, maar pas op voor degenen die de fout maken de prijzen te laag vast te stellen. In sommige sectoren, zoals luxe of restaurants, kan jouw positionering zelfs gericht zijn op het vleien van de trots van je klanten door bijzonder hoge prijzen vast te stellen.

○ elasticiteit van de vraag. Dit is de neiging van je klanten om het zonder jouw product of dienst te doen als reactie op veranderingen in hun koopkracht. Een product of dienst wordt "elastisch" genoemd als het gevoelig is voor deze variaties.

Je omzetveronderstellingen en verkoopdoelstellingen

Je moet de haalbaarheid van je project op de lange termijn beoordelen en tegelijkertijd je cashflowbehoeften voor de start van het bedrijf evalueren.

Maak eerst je geprojecteerde inkomstenrekening. Jouw doel is te bepalen wat je resultaten zullen zijn over twee tot drie jaar. Dit omvat het eerste jaar (jaar "n"), alsmede het tweede en derde jaar ("n+1" en "n+2"). Deze prognoses moeten je in staat stellen je eerste zorg te beantwoorden: of je bedrijf op lange termijn levensvatbaar is. Over het algemeen is het eerste jaar een verliesgevend jaar (meer uitgaven dan inkomsten) en begin je pas winst te maken vanaf n+1, of zelfs n+2 voor projecten die in het begin zware investeringen vereisen. Om deze prognose te maken, moet je alle elementen die je hebt in een tabel samenbrengen. Deze raming dient als basis voor je ondernemingsplan.

Bepaal ook je behoefte aan werkkapitaal (WCR). Het break-even punt is bereikt wanneer de onderneming een omzet behaalt die de vaste en variabele kosten dekt. Na dit punt moet je over voldoende financiële reserves beschikken om de (soms onvoorspelbare) kosten op te vangen. Als je hier niet op anticipeert, kan dit dramatische gevolgen hebben, waardoor je je bedrijf moet stopzetten terwijl het alle kansen op succes had.

Het is moeilijk om de WCR nauwkeurig te schatten, maar je kan een marge vaststellen op basis van al het bewijsmateriaal dat je tijdens je onderzoek hebt verzameld. Al deze prognoses, gebaseerd op de resultaten van je marktonderzoek, moeten je in staat stellen om te beslissen of het zinvol is om nu aan dit avontuur te beginnen. Naast deze zuiver objectieve elementen zijn er natuurlijk nog andere factoren die van vitaal belang zijn: je motivatie, de steun van je naasten voor je project, het vertrouwen dat je hebt in de mensen die je financieel steunen, je relatie met je potentiële partners, enz.

TOPTIPS

- **Vertrouw op je gezond verstand**. Methodologie is belangrijk, maar ook je intuïtie en deductieve vaardigheden: het zijn deze vaardigheden die je leiden en je helpen om met behulp van deze methode te onderscheiden wat zal werken en wat moet worden herzien, gecorrigeerd of opgegeven.

- **Wees volledig**. Vertrouw op de deugden van een goed uitgevoerde marktstudie: verwijder alles wat niet in je project thuishoort en haal het beste uit je eerste idee, de nectar ervan. Dit is niet het moment om je ervoor te verstoppen!

- **Wees specifiek**. Zet cijfers neer, maak argumenten en bereik je markt zoveel mogelijk. Het resultaat van je studie moet concreet zijn. Het maakt niet uit of het onjuist blijkt te zijn: je kunt niet alle parameters controleren, maar je kan nauwkeurige en afgemeten keuzes maken die de ervaring zal bevestigen of ontkennen.

- **Wees nederig en moedig**. Er wordt niet van je verwacht dat je alles weet. Je contacten zullen meewerken als je erkent – zonder te klagen! – dat je hun advies en hulp nodig hebt. Aarzel niet om contact op te nemen met mensen die op het eerste gezicht onbenaderbaar lijken en wier houding je in positieve zin kan verrassen.

- **Wees geduldig... maar niet te veel**. Laat je niet meeslepen door de haast en vragen als: "Zo, hoe gaat het met je bedrijf? Je voelt vanzelf wanneer je project rijp is. Maar probeer niet alle parameters te controleren en jezelf te beschermen tegen het minste probleem: een eigen bedrijf opzetten betekent een risico nemen!

- **Kom uit je grot**. Toon belangstelling voor je markt, wees voortdurend op de uitkijk, stel vragen aan je toekomstige klanten en leer, indien mogelijk, je concurrenten kennen. Als je dat niet doet, is de kans groot dat jouw project nog niet rijp is… Daag jezelf uit en accepteer de confrontatie met je markt: dit is echt een van de grote voordelen van de studie die je, naast het materiële nut, in staat moet stellen je project te belichamen en het op jou te laten lijken.

- **Ben je een werknemer? Vraag deeltijdwerk, verlof voor de oprichting van een bedrijf of sabbatical leave aan**. Onder bepaalde voorwaarden verleent de Franse wet je bepaalde rechten om je eigen bedrijf op te richten: van 6 tot 11 maanden "sabbatical leave" of een jaar hernieuwbaar "parttime creatieverlof" of "creatieverlof". Alle actuele informatie over deze onderwerpen is beschikbaar op de website van Agence France Entrepreneur (AFE), voorheen APCE.

FAQ

IS MARKTONDERZOEK ECHT NODIG?

Hoewel er wettelijk geen studie vereist is om je bedrijf op te richten, is deze fase essentieel om je positionering, je kosten, je distributiekanaal, je potentiële omzet, je verzorgingsgebied, enz. te kennen. Op het gevaar af in herhaling te vallen: de indruk hebben dat je de markt goed kent, ontslaat je niet van deze fase die vaak verrassingen inhoudt! Er zijn echter twee uitzonderingen die kunnen rechtvaardigen dat een ondernemer het zonder marktstudie doet:

- Je bent zelfstandig ondernemer en deze activiteit is slechts een nevenproject of een soort test aan het einde waarvan je beslist of je al dan niet serieuzer gaat investeren. Het doel van het zelfstandigenstatuut is juist om je procedures te vereenvoudigen, dus een marktonderzoek in dit stadium is niet essentieel.

- Je lanceert een innovatieve activiteit waarbij snelheid tot de markt cruciaal is. In specifieke gevallen waarin je de eerste op de markt moet zijn, is het begrijpelijk dat een studie die enkele maanden kan duren niet de prioriteit heeft.

HOE MOET IK MIJN MARKTONDERZOEK OPMAKEN?

Het enige antwoord dat we kunnen geven is dat iedereen verantwoordelijk is voor zijn eigen zaak: zoals je die voelt! Je bent volkomen vrij om je studie op een synthetische en gestructureerde manier te presenteren, zodat ze als een doeltreffend werkinstrument kan dienen. Als je al bent begonnen na te denken over het grafische handvest van je bedrijf, gebruik dan de elementen die je hebt. Maar niemand zal je een eenvoudige en beknopte presentatie verwijten.

WAT IS HET VERSCHIL TUSSEN EEN MARKTSTUDIE EN EEN ONDERNEMINGSPLAN?

Marktonderzoek en bedrijfsplanning worden vaak met elkaar verward. Het zijn in feite twee stappen in hetzelfde proces. Je marktstudie valideert of ontkracht je project, stelt je in staat alle kenmerken en mogelijkheden van de markt in beeld te brengen en zet een eerste koers uit. Het bedrijfsplan is het samenvattende document dat rechtstreeks uit deze studie voortvloeit en heeft een meer officieel karakter. Zo kan het project tot in detail worden opgebouwd en dient het als argument om je financiële partners te overtuigen. Juist op dit document moet je het formulier verzorgen.

HOE KAN IK EEN ENQUÊTE UITVOEREN ALS IK MIJN PRODUCTEN/DIENSTEN ALLEEN OP INTERNET VERKOOP?

Volg dezelfde methode, rekening houdend met het feit dat je verzorgingsgebied, je klanten, je concurrenten en alle andere parameters die we hebben besproken, moeten worden beschouwd in een ruimte die niet langer fysiek is, maar virtueel. Maak maximaal gebruik van zoekmachines, statistieken en studies over je marktsegment, sociale netwerken en de websites van je concurrenten om de informatie te verkrijgen die je nodig hebt. Het is vaak veel gemakkelijker om informatie te verkrijgen en klanten te bereiken op het internet, waar gemeenschappen eigenlijk zichtbaarder zijn dan in de openbare ruimte.

HOEVEEL KOST EEN MARKTONDERZOEK DOOR EEN EXTERNE DIENSTVERLENER?

Waar mogelijk adviseren wij je dit onderzoek zelf uit te voeren. Het is echter normaal dat je voor bepaalde complexe diensten waarvoor je niet over de vereiste vaardigheden beschikt, een beroep moet doen op een externe dienstverlener. Je opties omvatten:

- Een adviesbureau is meteen de duurste optie: reken op ten minste 8 000 euro voor een volledige studie.

- Juniorbedrijven (verenigingen van studenten van bedrijfs- of ingenieursscholen) bieden diensten aan op een lager niveau, maar vaak uitgevoerd onder het gezag van een mentor-docent. Het kost je ongeveer 3 000 euro voor een volledige studie.

- Als jouw bedrijfsmodel relatief gangbaar is, kan je ook modellen en onderzoeksresultaten kopen die relevant zijn voor je project. Deze aanpak is specifieker en betreft vaak slechts één onderdeel van je project. Afhankelijk van het belang van de studie kan je rekenen op enkele tientallen euro's tot 1 500 euro.

HOE WEET IK OF MIJN STUDIE BETROUWBAAR IS?

Jouw onderzoek is betrouwbaar als je aan het einde een positieve geprojecteerde resultatenrekening hebt en je geen details over het hoofd hebt gezien. Je moet ook aanvaarden dat omstandigheden je ideale prognoses kunnen verstoren: een betrouwbare marktstudie houdt rekening met deze gevaren. Het moet je vertrouwen geven in je kansen op succes, ongeacht de omstandigheden.

WELKE METHODE MOET IK TOEPASSEN ALS MIJN PROJECT VOLLEDIG VERNIEUWEND IS?

In dat geval raden wij je aan contact op te nemen met een kantoor dat gespecialiseerd is in je sector. Lees ook over de Lean Startup-methode, bedacht door Eric Ries (Amerikaans ondernemer, geboren in 1978). Deze methode is ontworpen om te kunnen worden aangepast aan elk innovatief project en werd oorspronkelijk toegepast door veel bedrijven in Silicon Valley. Het wordt nu op grote schaal gebruikt door makers van innovatieve projecten.

HET IS AAN JOU!

MAAK EEN SWOT-ANALYSE VAN JE AANBOD

SWOT-analyse (*Strengths, Weaknesses, Opportunities, Threats*) biedt een originele methode om de volgende zaken te bepalen:

- **je sterke punten**. Wat zijn de punten waarvan je duidelijk zeker bent dat je kan bouwen aan de ontwikkeling van je bedrijf?
- **je zwakheden**. Wat zijn de punten waarvan je weet dat ze niet in jouw voordeel spelen, de grijze gebieden die voor verbetering vatbaar zijn?
- **je kansen**. Welke omstandigheden buiten je aanbod kunnen in je voordeel werken? Op welke contacten, evenementen, trends kan je rekenen?
- **je bedreigingen**. Welke omstandigheden zouden juist tegen jou kunnen werken?

MAAK JE EIGEN VRAGENLIJST

De 5 gouden regels voor een succesvolle vragenlijst:

1. **Stel een duidelijk doel zonder te proberen de antwoorden te beïnvloeden**. Als je bijvoorbeeld wil weten tegen welke prijs je klanten je product zouden kopen, probeer dan niet hun antwoord te beïnvloeden in de richting van de prijs waarmee jij volgens je omzetprognoses snel winstgevend kunt zijn.

2. **Focus op één segment**. Adviesbureaus en juniorbedrijven weten om te gaan met complexe transversale gegevens. Dat weet jij in principe niet. Je "interne vragenlijst" zal alleen succesvol zijn als hij duidelijk gericht is op een specifiek type klant.

3. **Houd je vragen eenvoudig en to the point**. Vermijd te gesloten vragen (die alleen met "ja" of "nee" worden beantwoord), maar stel ook geen vragen die respondenten kunnen doen verdwalen in willekeurige analyse. Gebruik meerkeuzevragen en open vragen met korte antwoorden.

4. **Begin bij het algemene en werk naar het specifieke toe**. Je vragen moeten progressief zijn en de ondervraagde aanzetten tot steeds preciezere en/of subjectievere antwoorden.

5. **Trek geen overhaaste conclusies**. Als je je onderzoek hebt uitgevoerd, aarzel dan niet om je tot een specialist te wenden om je conclusies te valideren of te ontkrachten.

OM VERDER TE GAAN

BIBLIOGRAFISCHE BRONNEN

BOUVIER (Xavier) (red.), *Créer son entreprise*, Parijs, Nathan – Les Echos, 2011.

CHEVAUCHÉ (Cédric), *L'indispensable pour créer son entreprise*, Héricy, Éditions du Puits Fleuri, 2014.

FROGER (Valérie), *Le guide complet de la création d'entreprise*, Parijs, L'entreprise, 2011.

GIANELLON (Jean-Luc) en VERNETTE (Éric), *Études de marché*, Parijs, Vuibert, 2015.

GUCHET (Lucie), *Se mettre à son compte en 10 étapes*, Héricy, Éditions du Puits Fleuri, 2013.

RIES (Eric), *Lean Startup. Adopteer continue innovatie*, Montreuil, Pearson Frankrijk, 2012.

SPETH (Christophe), *De SWOT-matrix en bedrijfsstrategie*, Brussel, Lemaitre Publishing, 2014.

VINAY (Elizabeth), *Réaliser votre étude de marché avec succès*, Parijs, Eyrolles, 2013.

AANVULLENDE BRONNEN

BRAULT (David) en SION (Michel), *Réussir son plan d'entreprise*, Parijs, Dunod, 2016.

LEAN ASSEMBLY, *Tips voor het onderzoeken van uw markt*, 2015. https://www.youtube.com/watch?v=-9jLpOZyjLw

KOTLER (Philippe), *Marketing Management*, Montreuil, Pearson Education, 2015.

Website van Agence France Entrepreneur: www.afecreation.fr

Website van de Vergadering van de Franse Kamers van Koophandel en Industrie: http://www.cci.fr/web/creation-d-entreprise/projet-reussite

Website van het directoraat-generaal Statistiek: http://statbel.fgov.be/

Website INSEE: http://www.insee.fr/fr/accueil

SOULEZ (Sébastien), *L'essentiel du marketing*, Parijs, Gualino – Lextenso éditions, 2011.

We horen graag van u! Laat
een reactie achter op jouw online bibliotheek
en deel je favoriete boeken op social media!

Master ISBN: 9782808604550
Papier ISBN: 9782808605762
Wettelijk depot: D/2023/12603/3

Digitaal ontwerp: Primento,
de digitale partner van uitgevers.